A BÍBLIA EXPLICA
A Verdade sobre o Natal

DAVID PAWSON

ANCHOR

Copyright © 2022 David Pawson

A VERDADE SOBRE O NATAL
English original: The truth about Christmas

Os direitos autorais referentes a este livro são assegurados a David Pawson, de acordo com a Lei de Direitos Autorais, Desenhos Industriais e Patentes de 1988 (Reino Unido).

Uma publicação da
Anchor, nome comercial de David Pawson Publishing Ltd.
Synegis House, 21 Crockhamwell Road,
Woodley, Reading RG5 3LE, UK

Todos os direitos reservados.

Nenhuma parte desta publicação pode ser reproduzida ou distribuída, em qualquer forma ou por quaisquer meios, sejam eles eletrônicos ou mecânicos, incluindo fotocópias e gravações, ou por qualquer sistema de armazenamento e recuperação de informações, sem autorização prévia, por escrito, da Editora.

Para obter outros materiais de ensino de David Pawson,
inclusive DVDs e CDs, acesse
www.davidpawson.com

PARA DOWNLOADS GRATUITOS
www.davidpawson.org

Mais informações pelo e-mail
info@davidpawsonministry.com

ISBN 978-1-913472-63-4

Esta publicação baseia-se em uma palestra. Por originar-se da palavra falada, muitos leitores considerarão seu estilo um tanto diferente do meu modo costumeiro de escrever. Espero que isto não venha a depreciar a essência do ensino bíblico encontrado aqui.

Como sempre, peço ao leitor que compare tudo o que digo ou escrevo ao que se encontra registrado na Bíblia, e, caso perceba um conflito em qualquer ponto, sempre fie-se no claro ensino das Escrituras.

David Pawson

Parte 1

Pediram-me que registrasse algumas reflexões sobre o Natal e este primeiro capítulo baseia-se em dados históricos – onde e como tudo começou. No segundo capítulo, vamos analisar, na Bíblia, a verdadeira história do nascimento de Cristo e ver como todas as peças se encaixam ou se de fato se encaixam. Como a maioria provavelmente sabe, o Natal não é uma festa cristã; seu início é muito anterior ao nascimento de Jesus Cristo. Originalmente, era um culto pagão à fertilidade e uma celebração do solstício de inverno – ocasião em que o Sol voltava a ganhar força. Esperavam até o final do solstício – 21 de dezembro – e então celebravam o renascimento do Sol e a aproximação da primavera.

Isso se deve, obviamente, ao fato de viverem muito mais próximos à natureza do que nós e de dependerem muito mais das estações do ano. Seu alimento não ficava armazenado no refrigerador ou no freezer o ano todo; dependiam das estações do ano para obtê-lo. O solstício era, portanto, um motivo para celebração – especialmente durante o inverno muito frio e escuro, era bom ter um "carnaval", termo que descreve bem aquela festa. Foi principalmente na Europa onde tudo começou; do norte da Europa vem o festival de Yule, que deu origem ao Yuletide (madeiro) – uma das principais características da celebração era fazer uma grande fogueira, ao redor da qual se mantinham aquecidos. Para isso, derrubavam uma grande árvore e queimavam seu tronco, o madeiro.

No sul da Europa, chamava-se Saturnália, em homenagem ao deus Saturno. Os romanos celebravam a Saturnália e tinham em alta estima o deus-sol, Mitras. Era uma celebração da natureza e parte essencial de um culto à fertilidade. A fertilidade era um aspecto da vida muito importante para eles – fertilidade nos campos, dos animais e, também, das pessoas. Creio que esse carnaval ou festival anual tenha se tornado uma festa de permissividades, pois as regras de convivência eram abandonadas durante as comemorações. A festa não durava apenas um dia, eram 12 dias que estendiam até 6 de janeiro.

Lembro ainda hoje que a decoração de Natal em nossa casa deveria ser removida nessa data – o décimo segundo dia. Eu não sabia o motivo. À época, eu não sabia sobre os "12 dias do Natal", quando "meu verdadeiro amor me disse...", como diz a música [*The Twelve Days of Christmas*]. E isso é uma pista sobre o que acontecia no festival. As restrições normais eram removidas e, como resultado, tudo poderia acontecer. Por exemplo, as regras normais de convivência social eram canceladas. Um aspecto era que, no dia de Natal, a separação de classes deixava de existir; havia uma inversão de papéis. Naquele dia, os senhores serviam as refeições para os empregados. Esse costume ainda existe no exército britânico. Na academia militar de Sandhurst, ainda é comum que os oficiais sirvam aos soldados o almoço de Natal. É a inversão da ordem social por um breve período.

Mas era principalmente no âmbito das relações sexuais que havia certa liberação e as restrições eram removidas. Isso ainda é visto em festas de fim de ano nas empresas. O costume de beijar sob o visco remonta ao tempo desses festivais, quando as casas eram decoradas com folhas de plantas sempre-vivas, como o abeto, o azevinho e, acima de tudo, o visco. As folhas dessas plantas perenes eram usadas para decorar as casas, e a prática de colocar uma guirlanda feita com folhas de azevinho na porta da frente das casas remonta a festivais pré-cristãos. Uma das práticas era bastante curiosa. No carnaval, as pessoas podiam vestir-se como quisessem – e costumavam vestir-se com roupas do sexo oposto, homens vestiam-se de mulheres e mulheres usavam roupas de homens. Essa prática ainda existe. Em toda pantomima natalina, o principal menino é representado por uma menina de longas pernas e o papel da "Dama", a mãe do menino, vai para um homem vestido de mulher. O ato de se travestir surgiu nos carnavais dos festivais de inverno.

Há outros costumes que eu gostaria de mencionar. Eram dias de glutonaria, em que não importava o exagero nas quantidades ingeridas. Naqueles festivais, era permitido comer mais do que o necessário sem consequências. Isso ainda acontece nas ceias de Natal, com o peru e as sobremesas, quando comemos muito mais do que uma refeição normal – é uma herança dos antigos festivais à fertilidade. O mesmo acontecia com a bebida: você poderia beber o quanto quisesse, sem restrições. E essa prática também sobreviveu. Nas festas de fim de ano das empresas ou nos encontros de Natal, os bares ficam repletos de pessoas dispostas a se embebedar.

O que mais sobreviveu? Bem, as regras sociais são invertidas, as regras sexuais são invertidas. As regras de moderação à mesa são dispensadas e, curiosamente, os jogos de azar, normalmente vistos com reprovação durante o ano, eram permitidos sem restrições na época do Natal. Há, certamente, uma contrapartida moderna no dinheiro gasto do Natal, o que faz muitas pessoas começarem o Ano Novo com muitas dívidas. Todas essas práticas e tradições estão relacionadas aos "12 dias do Natal". Muitas comunidades elegiam um "senhor da desordem" [uma espécie de rei momo], que "desgovernava" durante os 12 dias e tinha liberdade com as mulheres da comunidade naquele período. Essa é a origem dos 12 dias de Natal, "quando meu verdadeiro amor me disse...".

O que havia era um festival muito condescendente, em que as pessoas abandonavam as inibições e se sentiam livres para fazer o que desejassem. Era um festival muito permissivo. Mas havia um lado bom: havia a expectativa de que o rico ajudasse o pobre no Natal. Os ricos se preocupavam com os desprovidos, em especial com o pobre, o solitário e o inválido. Essa era uma das boas práticas do festival anual de inverno – e que sobreviveu. O *Boxing Day* [feriado nacional no dia 26 de dezembro na Inglaterra e outros países] era quando as caixas de coleta nas igrejas eram usadas em serviço ao pobre – eram utilizadas para distribuir aos necessitados o que tivesse sido depositado nelas no dia de Natal.

Bem, foi assim que o Natal começou. Foi uma jornada com altos e baixos ao longo dos séculos. Vou mencionar alguns dos pontos altos e baixos. Durante a Idade Média, o Natal não era tão popular, exceto entre a aristocracia e as classes mais altas. A prática esteve em declínio até o século 19, quando dois autores escreveram histórias sobre o Natal. Foi então que o Natal, como o conhecemos, começou de fato. De um lado do Atlântico, foi Charles Dickens. Muito do que sabemos sobre o Natal hoje deve-se a ele. Não apenas a seu livro Um conto de Natal (1843) e ao personagem Scrooge. Quanto ao peru de Natal citado na história, sabemos que a tradição veio originalmente dos Estados Unidos, por meio de um autor chamado Washington Irving, considerado o Charles Dickens dos Estados Unidos. O Natal moderno desenvolveu-se nos dois lados do Atlântico, em uma espécie de fecundação cruzada promovida por esses dois autores – suas histórias sem dúvida despertaram interesse. Mas suponho que o fator preponderante na Inglaterra tenha sido a influência da rainha Vitória e de seu marido, príncipe Albert, da Alemanha. Os reis da Inglaterra tinham um gosto muito influenciado pela cultura alemã e já haviam importado a tradição do Natal.

Alguns reis e rainhas ingleses apreciavam muito a festividade e o aspecto carnavalesco e burlesco da celebração. Henrique VIII festejava e Elizabeth I era conhecida por gostar de dançar e de fazer apostas no dia de Natal. Durante as dinastias Stuart e Tudor, o Natal era celebrado principalmente pela família real. Mas foram a rainha Vitória e seu marido, Albert, que colocaram o foco na família como a unidade principal da celebração – não a comunidade, mas a família. Eles eram o símbolo da vida familiar na Grã-Bretanha. Albert trouxe para a Inglaterra a tradição da árvore de Natal. Como havia muitas florestas na Alemanha, ele introduziu as árvores de Natal como o principal símbolo visual do Natal nos lares. Durante o reinado da rainha Vitória, essa tradição ganhou importância – toda família deveria ter uma árvore de Natal.

Em meados do século 19, alguém teve a ideia de enviar um cartão de Natal para seus amigos e familiares. Enviar um cartão era relativamente mais simples e econômico. Na Inglaterra, enviar um cartão de Natal custava metade do valor de uma carta. A diferença entre o envio de uma carta e de um cartão existiu durante muito tempo, até o século 20. Essa era, portanto, uma maneira rápida e fácil de desejar boas festas a parentes e amigos. Em vez de escrever longas cartas, bastava assinar um cartão e enviá-lo pela metade do valor.

Portanto, é ao século 19 que remonta, de fato, o Natal como o conhecemos hoje. Curiosamente, surge um senhor conhecido na Grã-Bretanha como Father Christmas, mas no outro lado do Atlântico chamado de Santa Claus (Papai Noel). O nome Santa Claus tem origem na Holanda, porque Nova York, onde ele apareceu pela primeira vez, era uma colônia holandesa chamada "Nova Amsterdã". Na Holanda, havia uma forte tradição sobre um santo da antiguidade chamado São Nicolau, um bispo de origem turca, conhecido por ser muito gentil e muito preocupado com os pobres. Havia, na Turquia, um camponês pai de três moças que não tinham chance de se casar, embora fossem muito bonitas; por serem pobres, não tinham dinheiro para o dote. A noiva, ou sua família, deveria garantir o dinheiro para o dote, mas o camponês não tinha recursos. Então, o bom São Nicolau colocou, anonimamente, algumas moedas de ouro embrulhadas em tecido no casebre do camponês. Ele não desceu pela chaminé nem colocou as moedas em meias, simplesmente embrulhou as moedas de ouro em tecido e as jogou pela janela; e as três jovens puderam se casar. Essa história cativou a imaginação dos holandeses e São Nicolau por pouco não se tornou o padroeiro dos holandeses. Eles o chamavam de Sinterklaas, uma contração de Saint Nicholas. Mais tarde, em Nova York, nasce Santa Claus (Papai Noel); ele recebe um manto vermelho com pele branca de arminho nas orlas, botas de caçador e uma longa barba branca: eis a imagem do Papai Noel que conhecemos.

Lembro uma ocasião, em Buckinghamshire, quando nossos três filhos eram pequenos. Fomos de carro, certa manhã, a uma grande loja para que vissem o Papai Noel. Mas, no caminho, vimos outro Papai Noel entrar em um ônibus e um terceiro Papai Noel andando na calçada. Ainda lembro a confusão que isso causou na cabeça das crianças. Parecia que o Papai Noel estava em todo lugar por onde passamos aquela manhã. Hoje em dia ele realmente está em todo lugar; é uma representação do Natal.

Então, tudo isso aconteceu no século 19. Mais adiante vou falar sobre os cristãos que se opuseram com firmeza a tudo isso. Mas o sentimento público foi muito mais forte do que os opositores. O que mais o século 20 agregou ao

Natal? Bem, não resta dúvida: o fator mais importante foi o comércio. Em outubro já podemos ver anúncios de Natal na televisão, as lojas começam a se abastecer para o Natal e assim por diante.

É curioso que o maior volume de publicidade seja voltado para crianças – brinquedos também são muito caros. O enfoque nas crianças do Natal do século 20 é algo que não havia na Inglaterra vitoriana, mas as crianças se tornaram o centro do Natal para muitas famílias.

Outra adição às tradições natalinas é o que chamamos de "Mensagem Real de Natal", algo que se tornou um ritual [na Inglaterra] – não conseguimos mais imaginar o Natal sem a mensagem da rainha. Teve início com seu avô, George V. Ele transmitiu a primeira mensagem de Natal citando um poema memorável: "Eu disse ao homem que estava à Porta do Ano [...] coloque sua mão na Mão de Deus [...] Isso deve ser para você melhor do que luz e mais seguro". A nação ficou sensibilizada com o discurso; a partir de então, o rei transmitiria uma mensagem todos os anos. Mas seu filho, George VI, interrompeu a tradição por causa de sua terrível disfemia. Talvez você tenha assistido ao filme "O Discurso do Rei" e tenha conhecimento de sua acentuada gagueira. No primeiro ano da Segunda Guerra Mundial, tendo em vista a motivação dos soldados que estavam longe de casa, ele foi convencido a fazer o discurso. George VI foi bem-sucedido e deu continuidade à tradição, mesmo durante a guerra. Hoje, sua filha, a rainha, transmite a Mensagem Real de Natal, que agora é um entretenimento nacional.

É interessante como todos os meios de comunicação de massa agora lucram com o Natal. Acredito que, até 1900, o jornal The Times nunca tenha mencionado o Natal em suas edições de dezembro. Mas examinando os jornais e as revistas de hoje, vemos que o assunto toma conta de tudo e se torna o tema principal.

Esses, portanto, são os aspectos históricos. Nenhum deles tem origem no cristianismo, evidentemente, e todos estão tão enraizados na cultura popular que a ideia de abolir tudo isso seria motivo de escândalo entre a população.

Outra adição do século 20 à confusão é "Rudolph, a rena do nariz vermelho", com seu nariz brilhante. O personagem se tornou uma parte importante do Natal. A combinação chega a ser engraçada.

Agora, vejamos como os cristãos lidaram com o costume pagão anual de fertilidade. Nos primeiros quatro séculos, os bons cristãos o ignoraram. Estavam convencidos de que não deveriam se envolver com algo tão permissivo; e o aspecto carnavalesco era, particularmente, preocupante. No século 4º, o papa Gregório enviou à Inglaterra um missionário chamado Agostinho – não o que escreveu Confissões, o outro. Havia um na África, mais conhecido, mas outro Agostinho veio para a Inglaterra e, cerca de dois anos depois, relatou ao papa que tinha feito progresso: havia batizado o rei de Kent e muitas pessoas frequentavam a igreja – a qual, mais tarde, se tornaria a catedral de Cantuária (*Canterbury Cathedral*). Mas confessou: "Não tenho conseguido afastar os britânicos do festival anual à fertilidade", ele se referia ao Natal, embora o nome não fosse esse à época. Por mais que tentasse, não conseguiu fazer com que o povo abandonasse aquelas atividades indulgentes. E perguntou ao papa Gregório: "O que devo fazer?"

O papa Gregório praticamente disse: "Se não pode com eles, junte-se a eles". Mas seu conselho foi: "Batize-o em Cristo. Leve o ritual para a Igreja e use-o em nome de Cristo". E disse mais: "Quando celebrarem o nascimento do Sol, diga: 'Vamos celebrar o sol da justiça', que se levantará trazendo cura em suas asas" – uma passagem do Antigo Testamento (Ml 4.2).

Foi assim que 25 de dezembro se tornou o dia oficial

do aniversário de Jesus. Certamente essa data não tem relação alguma com seu nascimento – ele não nasceu em dezembro. Os pastores não apascentam seus rebanhos em dezembro; costuma haver neve nas colinas de Israel nessa época. A Bíblia nos diz quando ele realmente nasceu, e entendemos que não foi em dezembro. Assim como a rainha da Inglaterra tem a data de seu nascimento e uma data oficial para celebrar seu aniversário – que é quando acontece a cerimônia *Trooping the Colour* [inspeção das tropas reais pelo monarca], nas instalações do *Horse Guards Parade* [espaço para desfiles cerimoniais] –, Cristo ganhou uma data oficial para celebrar seu aniversário, que não é o dia de seu nascimento, mas é comemorado como tal. Essas são as origens do Natal cristão.

Algo que ajudou a tornar o Natal particularmente cristão foi a introdução da missa católico-romana. A expressão "missa de Cristo" – *Christ-mass* – tomou corpo e, desde então, foi como o dia passou a ser conhecido nos países de língua inglesa. Essa foi a estratégia missionária da Igreja Católica Romana. Se não conseguimos fazer o povo abandonar suas tradições, vamos adotá-las e incorporá-las à programação da Igreja, dessa forma todos ficam felizes. Mas não estou nem um pouco convencido disso.

Descobri que católicos nas Filipinas e na América Latina ainda praticam o animismo e o espiritismo, pois faziam parte da religião original, e a Igreja Católica encorajou sua inclusão. É um tanto perturbador descobrir como aquelas práticas ainda estão profundamente enraizadas. Então essas são as origens do Natal. Foi o papa Júlio, um dos sucessores de Gregório, que tornou o Natal um costume institucionalizado pela Igreja, para cristianizar celebrações pagãs entre os britânicos.

Durante a Idade Média, houve um constante declínio de interesse, mas existe um sentimento medieval com relação ao

Natal – os cartões natalinos trazem carruagens, telhados de palha, você deve conhecer. Existe uma espécie de nostalgia dos velhos tempos. Não foram tempos tão bons assim, mas a nostalgia os enxerga através de óculos cor de rosa. Tudo isso mudou radicalmente após a Reforma Protestante, como veremos no próximo capítulo.

Parte 2

Vimos que, na Idade Média, o Natal já havia se tornado um costume cristão institucionalizado, com total apoio da Igreja. Muitas das práticas pagãs permaneceram de modo significativo. Até o século 14, ainda elegiam os "senhores da desordem" para governar durante os 12 dias do Natal. Temos, portanto, um período em que os costumes pagãos e o consentimento da Igreja se amalgamaram e permaneceram lado a lado. A Reforma Protestante, influenciada principalmente por Lutero e Calvino, trouxe grande mudança. Lutero combatia tudo que tinha origem católico-romana e, como o Natal foi uma criação da Igreja Católica, ele também combateu as raízes pagãs do Natal.

Entretanto, Martinho Lutero cedeu, como fazem tantas igrejas oficiais, porque a Igreja do Estado precisa considerar a inclusão de todos. Você é o pastor de todo um país; e a tendência da Igreja oficial do Estado, portanto, é preservar os sentimentos e os costumes do povo. Desse modo, Lutero celebrava o Natal; com relutância, mas gostava muito de tocar seu violão e de cantar músicas e hinos de Natal para as crianças. Portanto, o Natal permaneceu.

Por outro lado, João Calvino fez o oposto em Genebra. Resistiu fortemente à celebração do Natal e da Páscoa, porque o Novo Testamento se opõe a festivais de qualquer natureza. Em Genebra, portanto, Calvino não quis saber de

Natal. O Calvinismo veio para a Grã-Bretanha na forma do presbiterianismo, principalmente na Escócia – não foi tão influente na Inglaterra. Como resultado, os escoceses não celebram o Natal, celebram *o Hogmanay*, ou Ano Novo, mas não comemoram o Natal. Presbiterianos seguem Calvino. Posteriormente, John Knox foi "a voz" de Calvino na Escócia e persuadiu os escoceses a abandonarem o Natal completamente; o presbiterianismo quase dominou a Inglaterra e a Escócia, durante a guerra civil.

Quando Cromwell chegou ao poder, a família real foi destituída e o rei Charles I, decapitado. Por meio de um ato legislativo, o Parlamento Britânico aboliu completamente o Natal. Mas não é possível abolir um sentimento popular tão facilmente, é claro, e no interior algumas celebrações natalinas foram mantidas. Mas, oficialmente, foi abolido tanto na Inglaterra como na Escócia. Sabemos que a guerra civil transformou a Grã-Bretanha em uma república, com Oliver Cromwell como seu primeiro Lorde Protetor, uma espécie chefe de Estado. Mas a república durou poucos anos e o povo quis um rei novamente. Queriam Charles II de volta ao trono e conseguiram que ele voltasse ao poder – e ele restabeleceu todo o apoio da família real às atividades "carnavalescas". O Natal estava de volta.

Como já mencionamos, no século 19 surge o Natal como o conhecemos, com as árvores e as decorações. Gradualmente, próximo do final do século 19, algumas práticas foram se infiltrando na Igreja até que, no século 20, era muito comum haver árvore de Natal bem na plataforma da igreja, de onde sai a adoração. Há alguns anos, fiquei surpreso ao ver uma igreja pentecostal decorada com festões natalinos e tudo mais, além de uma imensa árvore de Natal. Gradualmente, portanto, as igrejas se renderam ao desejo popular de comemorar o Natal.

Na verdade, as próprias igrejas passaram a lucrar com o

Natal. Por exemplo, substituíram a missa das manhãs de Natal pela Santa Comunhão na véspera de Natal, e descobriram que arrecadam mais na véspera de Natal do que em qualquer outro dia do ano. Até mesmo igrejas evangélicas, hoje, realizam cultos de Santa Ceia na véspera de Natal. E muitas igrejas tocam e cantam músicas natalinas em vez de hinos.

Assim, gradualmente as igrejas cederam e teve início algo que tem sido chamado de "culto à manjedoura", as igrejas montam a réplica de uma manjedoura com o "menino" Jesus deitado sobre ela, com José, Maria, jumentos, às vezes camelos, e outras criaturas. Criou-se o costume de montar um presépio e torná-lo um lugar de devoção e veneração. Desde então, o culto à manjedoura se difundiu na sociedade e nasceu a "peça de Natal" – especialmente quando se espera que crianças encenem a história do nascimento de Cristo, criando situações muito divertidas. Quando tentamos fazer crianças pequenas representar adultos, o resultado é sempre confusão. Lembro-me de uma peça de Natal em uma escola primária com os três reis magos; o primeiro recitou: "Trouxe ouro para o menino Jesus"; o segundo disse: "Trouxe mirra para o menino Jesus"; e o terceiro falou: "Um Celso mandou isto aqui" – e ofereceu o terceiro presente ao menino Jesus.

Recordo outra peça de Natal em que Maria – com uma grande almofada na barriga – e José chegam à hospedaria e perguntam: "Há um quarto para nós?"

O pequeno José continuou: "Você pode ver que a minha esposa está prestes a dar à luz, precisamos de um quarto".

O menino que interpretava o senhorio esqueceu sua fala e disse: "Entrem! Vocês podem escolher o melhor quarto para Maria!" E a história estava se desviando do curso.

Felizmente, o menino que fazia o papel de José teve grande presença de espírito; colocou a cabeça na porta, virou-se para Maria e disse: "Você precisa ver o estado dessa hospedaria. Não é adequada para você. Ficaremos no estábulo, vamos";

e conseguiu contornar a situação, para grande deleite dos pais que assistiam a tudo.

A história de Natal não é para crianças, é uma história para adultos. A Bíblia foi escrita para crentes adultos. De qualquer forma, foi assim que os cristãos passaram a comemorá-lo, o que levou a outra crise. Nos Estados Unidos, algumas igrejas se dividiram por causa do Papai Noel e do Natal. De um lado, os presbiterianos – Calvino novamente –, os batistas e os *quakers* levantaram um forte protesto contra as igrejas que aceitavam o Natal. É sempre daquele grupo que vêm os protestos.

As principais denominações estavam inclinadas a incorporar o Natal. A princípio, muitas denominações não queriam se associar ao Natal, mas a maioria, como a Igreja Metodista e a Congregracionista, cedeu. Preciso admitir que a Igreja Batista, o Exército da Salvação e até mesmo as vertentes pentecostais se renderam e, de alguma forma, costumam celebrar o Natal. E isso levanta uma questão: "O que pensam os cristãos hoje e qual deveria ser sua atitude?" Temos uma escolha diante de nós: ou aceitamos o Natal e procuramos mantê-lo na linha, por assim dizer, ou o rejeitamos por completo.

Para ser bem franco: ou procuramos trazer Cristo de volta ao Natal, ou vamos removê-lo completamente e deixamos que o Natal volte a ser um festival pagão. A Grã-Bretanha está cada vez mais secularizada e é a segunda sociedade mais incrédula na terra (o Japão ocupa o primeiro lugar, segundo uma pesquisa sobre nações incrédulas) – não estamos falando de nações "não religiosas", mas de incredulidade. Estamos diante de um cenário em transformação, ou seja, nesse ritmo, a tendência é que o Natal se torne algo totalmente secular, com práticas mais ligadas às suas origens pagãs do que uma celebração especificamente cristã.

Preciso ser honesto com você: fico com o segundo grupo,

não observo nem proclamo o Natal. Comento a respeito dele, mas acredito que a opção mais segura seja separar Cristo de tudo o que envolve o Natal. Vou explicar por que cheguei a essa conclusão. É um tanto surpreendente. Na igreja pentecostal em Croydon, onde preguei na época do Natal, embora horrorizado ao ver a árvore e a decoração dentro da igreja, orei de uma forma que costumo fazer – fazendo perguntas ao Senhor. Chamo isso de "oração interrogatória". Espero que tenha esse costume. Você já deve ter ouvido a expressão "oração de intercessão", quando oramos por outras pessoas. Mas "oração interrogatória" é quando fazemos perguntas ao Senhor e esperamos uma resposta. Descobri que esse é um tipo muito útil de oração, e é surpreendente quando recebemos a resposta. No meio do culto, orei: "Senhor, o que o Senhor pensa do Natal?" Ele me fez lembrar de um álbum de fotografias que tenho em casa, organizado por minha mãe, excelente fotógrafa amadora – que costumava vencer competições. Aquele álbum tem fotos minhas de quando era um bebê até me tornar um menino.

Quando mostro o álbum, todos dizem: "Ah! Que bebê mais fofinho", mas detesto isso. Quero dizer: "Não sou um bebê! Fale comigo como o adulto que sou hoje, não como eu era". É muito mais fácil se relacionar com um bebê – eles não respondem. Podemos pegá-los no colo, fazer carinho, abraçar, e eles não vão relutar (normalmente não). Bem, recordei-me do álbum e pensei: "Por que o Senhor me fez lembrar do álbum?" Então eu me dei conta de que o Senhor quer dizer às pessoas: "Não sou o menino Jesus. Falem comigo como o adulto que sou ou não será um relacionamento verdadeiro".

Entendi que ficar sussurrando para uma manjedoura não representa um relacionamento verdadeiro, porque ali não há uma pessoa, há um boneco. Se quiser ter um relacionamento com Jesus hoje, você precisa se relacionar com ele como ele é: um homem adulto com seu caráter formado. Enquanto o mundo inteiro fica alvoroçado por causa de um boneco deitado em um bercinho, Jesus está dizendo: "Não sou o menino Jesus. Quero ter um relacionamento verdadeiro com você, como o adulto que realmente sou". E partilhei com a congregação o entendimento que recebi quando fiz minha oração.

Outro fator que exerceu grande influência sobre minha opinião foi que, anos atrás, reuni-me com líderes cristãos de meu país e decidimos nos engajar em oração interrogatória para descobrir mais sobre nosso Senhor. Juntos, dissemos: "Senhor, queremos muito conhecê-lo melhor, o Senhor poderia compartilhar conosco um pouco dos seus sentimentos?" Depois fomos ainda mais específicos e fizemos uma pergunta incomum: "Existe algo que lhe cause mal-estar?" Nunca me esquecerei daquele momento, meu sangue gelou. De repente, mais de uma pessoa naquele grupo de oração recebeu uma única palavra: "Natal". Acho que, a partir daquele momento, passei a pensar seriamente sobre esse assunto. Não há nada errado com festas familiares, não há nada errado com reuniões familiares – não há nada errado em querer passar momentos felizes reunidos, e se é dessa forma que você quer celebrar o frio e escuro inverno, faça-o. Mas não use Jesus como o motivo para se reunir. Esse é meu apelo. Não pense que ele se alegra com isso. É importante que, em vez de pensar: "O que as igrejas fazem ou dizem do Natal?", o cristão pergunte: "O que o próprio Cristo sente ou pensa do Natal?" Pergunte a ele e veja se a resposta será a mesma que recebemos naquela ocasião. Procure descobrir o que ele realmente pensa a esse respeito.

Um número muito menor de pessoas se converte no Natal do que em qualquer outra época do ano. Isso acontece porque a maior parte dos evangelistas não trabalha nessa época. Ficam em casa com suas famílias, pois sabem que não conseguirão agendar encontros em número suficiente para uma campanha, então aproveitam a oportunidade para desfrutar a vida em família. Há mais pessoas partindo o pão e bebendo do vinho na ceia da meia-noite e muito menos pessoas se convertendo a Cristo. É muita injustiça com ele. Deixo esse pensamento para sua reflexão, porque penso que todo cristão, hoje, precisa aceitar a verdade do Natal. Não podemos fugir dessa realidade. Ela nos rodeia e precisamos decidir o que fazer a respeito.

Agora que vimos esse lado do Natal, vamos retomar a perspectiva cristã com um novo olhar. O Natal é muito mais do que uma peça infantil. Quero começar examinando o natal bíblico, narrado nos Evangelhos. A história é uma incrível combinação do natural e do sobrenatural, e a seriedade com que tratamos a parte sobrenatural terá um grande impacto no modo como celebramos o Natal.

A parte natural é realmente muito comum. Não há nada excepcional no nascimento de Jesus. Depois de algumas horas de trabalho de parto, em circunstâncias nada agradáveis, Maria deu à luz seu primogênito. Esse nascimento foi muito normal. Não foi um nascimento miraculoso.

Jesus não nasceu em um estábulo – isso faz parte do mito. Também não foi em uma caverna; entretanto, se você visitar Belém hoje, será levado a uma caverna, na cripta de uma grande catedral, que acreditam ser a caverna onde Jesus nasceu. Há, ali, um ponto no chão da caverna, marcado com uma cruz de prata, onde o leite de Maria teria sido derramado. Tudo é muito questionável. Ele nasceu em uma hospedaria, mas não em um quarto da hospedaria. Não havia quartos na hospedaria, mas foi ali onde ele nasceu. Se você for a uma hospedaria no Oriente Médio, mesmo nos dias de hoje, verá que o lugar é cercado por um muro alto e sem janelas, cuja única passagem são dois grandes portões – ou um portão duplo. Lá dentro, os quartos estão junto à parte interna do muro, e todas as janelas são voltadas para o pátio; no centro do pátio há um espaço com cochos para água e manjedouras para a comida dos animais. Tudo isso para segurança e proteção em um mundo perigoso. Você atravessa os portões com sua família, com seus animais e pergunta: "Há um quarto para nós?" O registro bíblico mostra com clareza que não havia quartos disponíveis; isso significa que eles tiveram que fazer o que outros hóspedes estavam fazendo, isto é, eles acamparam no centro do pátio, e o único lugar para colocar o bebê era um dos cochos. Esse é o quadro. Jesus, portanto, nasceu sob as estrelas, ao ar livre no pátio da hospedaria. Você consegue ver a imagem agora? A maior parte dos cartões de Natal retrata a cena de forma totalmente incorreta: em um estábulo, em uma caverna ou algo assim. A palavra "estábulo" não está relacionada ao nascimento de Jesus na Bíblia. Ele nasceu onde os animais e suas famílias passavam a noite.

A foto acima é um exemplo de uma hospedagem atual.

Essa é uma história muito comum sobre impostos, recenseamento e uma moça grávida, noiva de um jovem rapaz. Ele, provavelmente, tinha cerca de 17 ou 18 anos e ela devia ter 15 anos, a idade normal para ficarem noivos naqueles dias. Estão em Belém. Mas por que tão longe de casa? A resposta é que ela engravidou antes do casamento, um fato vergonhoso naqueles dias, como ainda é em muitos círculos. Ela seria boicotada em sua cidade natal, Nazaré, onde ninguém a ajudaria. Ninguém conversaria com ela, eles viveriam isolados. Por isso ela precisava ter o bebê em outro lugar. Como José se viu obrigado a ir a Belém para pagar o imposto devido, pois sua família era originalmente daquela cidade, ela o acompanhou. Uma viagem de setenta quilômetros sobre um jumento não é algo que uma mulher no final da gestação normalmente faria, mas ela fez.

É impressionante quantos mitos e lendas existem sobre o nascimento de Jesus. Sabemos que pastores foram vê-lo – e não há nada místico aqui. Depois foram os homens sábios do Oriente. O texto apenas diz que eram magos, mas a lenda diz que eram reis. O motivo para essa narrativa é o fato de terem levado três presentes; concluiu-se, portanto, que havia três deles e que deviam pertencer à realeza. Quem mais visitaria um rei? Eles, inclusive, receberam nomes. Mas nada disso é verdade. É ficção. Temos, então, uma estranha combinação de fatos e ficção.

Toda essa ficção não está no texto. Muitos primos de Jesus foram assassinados por ele ter nascido em Belém. O rei Herodes era um homem invejoso e ordenou que matassem todos os meninos com menos de dois anos, para ter certeza de que o menino que nascera para ser o Rei dos judeus não sobreviveria. Você já viu isso em algum cartão de Natal? Soldados de Herodes assassinando crianças – muitos meninos, sendo que a maior parte deles teria algum parentesco com Jesus, pois as pessoas que tinham ido a Belém para o recenseamento eram todas da mesma família. Já ouviram alguma pregação sobre isso na época do Natal? Isso tudo faz parte da verdadeira história, mas selecionamos as partes que gostamos e acrescentamos fatos que melhoram a narração segundo nossa concepção.

Há músicas sobre o nascimento de Jesus. Já cantaram "Num Berço de Palha", a canção que fala sobre o bebê que não chorava? "Mas ele não chora, se põe a sorrir" – bobagem! A única maneira que um bebê tem para dizer à sua mãe que está com fome é chorar, e é ridículo pensar que Jesus era tão santo que nunca chorou. Mas cantamos com entusiasmo, ou fazemos com que as crianças cantem. Toda vez que vemos uma imagem do nascimento de Jesus, vemos halos dourados sobre o bebê. É um símbolo de glória, mas ninguém jamais os viu.

Tenho verdadeira admiração por José. Recebeu o mesmo nome de José do Antigo Testamento; também foi um sonhador e recebeu mensagens de Deus através de sonhos. A primeira mensagem que recebeu foi quando descobriu que Maria estava grávida. Ficou escandalizado e chegou a pensar que deveria anular o casamento e pedir o divórcio, porque o noivado era algo sério na época.

Bem, José acreditou no sonho quando Deus lhe disse: "Eu sou o Pai". Foi a primeira vez na história que algo assim aconteceu – e José creu! Ele creu e no dia seguinte casou-se com Maria para encobrir a gravidez, e até admitiu ou reconheceu que o bebê era seu, a um grande custo pessoal. Gosto muito de José. Ele não se pronuncia muito na história, mas se posiciona em resposta aos sonhos.

Parte 3

Vamos examinar os fatos relacionados ao nascimento do nosso Senhor. O primeiro deles é que ele não nasceu em dezembro. Nasceu entre o final de setembro e o começo de outubro, pois o sétimo mês do calendário judaico transita entre nossos meses de setembro e outubro. Nesse período era celebrada a Festa dos Tabernáculos e a Bíblia deixa muito claro que Jesus nasceu durante essa festa. Como chegamos a essa conclusão? Usando um pouco de matemática – nove mais seis, igual a quinze. Por meio dessa simples adição sabemos quando Jesus nasceu. Lemos na Bíblia que seu primo João era filho de Zacarias e Isabel. Quando Zacarias estava no templo, foi lhe dito que sua esposa, que passara da idade de engravidar há muito tempo, teria um filho e que ele seria chamado de João. Esse é o começo da história de João Batista.

Quando o anjo Gabriel apareceu a Maria e anunciou que ela teria um filho, mesmo sendo ela ainda virgem, também lhe disse: "Prova disso é que sua prima Isabel, apesar da idade, surpreendentemente também está grávida". Imediatamente Maria saiu para visitar sua prima Isabel, que vivia em um vilarejo próximo a Jerusalém. Quando Maria entrou na sala, Isabel sentiu o bebê se agitar em seu ventre – essa teria sido a primeira vez que o sentiu. E disse: "Meu bebê pulou de alegria quando você entrou na sala", e conversaram sobre o que havia acontecido.

O texto diz que Isabel estava no sexto mês de gravidez.

E nove meses depois, Jesus nasceu. Seis mais nove são quinze. Se soubéssemos a época do ano em que Zacarias entrou no templo e ouviu do anjo que teria um filho e adicionássemos 15 meses, saberíamos quando Jesus nasceu. Percebe? No capítulo 24 de 1Crônicas, há uma lista de sacerdotes e uma escala para servirem no templo. O turno de Zacarias está registrado ali. Ele era o oitavo dentre 24 sacerdotes.

Portanto, Zacarias dirigiu-se ao templo para servir por volta do quarto mês do ano judaico. Quando acrescentamos 15 meses, chegamos ao sétimo mês do ano seguinte, que é quando acontece a Festa dos Tabernáculos. Todo judeu acredita que o Messias virá nessa festa. Está escrito nas Escrituras hebraicas, está registrado na cultura hebraica. Essa era a época em que ele era aguardado. Lemos no Evangelho de João que a Palavra de Deus "se fez carne", "tabernaculou" entre nós. Descobrimos, também, que os próprios irmãos de Jesus eram céticos e não criam nele. E, mais adiante no Evangelho de João, quando a Festa dos Tabernáculos estava próxima, eles disseram: "É a Festa dos Tabernáculos, você deveria ir a Jerusalém e se apresentar, se realmente é o Messias". Eles o provocaram. Sabiam que o Messias deveria se revelar durante a Festa dos Tabernáculos.

Também estou convencido de que ele voltará na mesma época. Não sei dizer em qual ano, mas posso afirmar o mês. Será no sétimo mês, quando judeus em todo o Israel celebram a vinda futura do Messias – a festa ocorre nesse mês precisamente por esse motivo. Ele nasceu, portanto, entre o final de setembro e o começo de outubro. O maior milagre no nascimento de Jesus não foi o nascimento em si, embora esse seja o foco do mundo quando celebram o Natal. O verdadeiro milagre aconteceu nove meses antes; sua concepção foi sobrenatural porque Maria nunca havia tido relação sexual.

Esse não foi o único nascimento virginal de que se tem notícia. Um professor de ginecologia da Universidade de Londres explicou-me, certa vez, que há registro ou alegação de cerca de seis ou sete nascimentos virginais na espécie humana. Segundo ele, o que o convenceu de que as alegações poderiam ter fundamento é que em todos os casos o resultado foi uma menina. Só poderia ser menina. Essa forma de reprodução é chamada de "partenogênese", e ocorre quando um óvulo feminino se divide espontaneamente e produz um indivíduo, sem que tenha havido fertilização. Isso é comum no mundo vegetal. Também ocorre no mundo animal; o dragão-de-komodo é uma espécie que se produz por meio de nascimento virginal. Como mencionado, há registro de ocorrências entre humanos, mas nenhuma delas jamais gerou um menino. Então na concepção de Jesus, sem dúvida, temos um surpreendente milagre.

Hoje conhecemos o suficiente a respeito de concepção e nascimento para saber o que pode ter acontecido, e Deus pode ter agido de três formas no ventre de Maria. Primeiro, ele poderia ter criado um feto inicial completo, implantando-o no ventre de Maria. Se foi isso que aconteceu, Deus seria o Pai, mas Maria não seria a mãe. Ela não teria participação nenhuma na concepção do feto; ela seria uma mãe de aluguel, nada além de uma incubadora. Então não pode ter sido isso.

A segunda possibilidade; a única diferença entre um feto masculino e um feminino é um minúsculo cromossomo. O cromossomo que define o sexo masculino se parece com a letra "Y"; o cromossomo que define o sexo feminino se parece com a letra "X". Tudo que Deus precisava fazer era uma pequena modificação genética, para usar uma expressão popular nos dias de hoje. Agora, se esse fosse o caso, Maria teria sido a mãe, mas dificilmente Deus teria sido o Pai.

A terceira possibilidade, com a qual tendo a concordar –

embora eu não seja categórico a respeito –, é que Deus criou um espermatozoide masculino que portava o DNA divino e fertilizou um dos óvulos de Maria com esse espermatozoide. Isso significa que Maria seria inteiramente a mãe e Deus seria inteiramente o Pai, cujo filho seria uma criança ao mesmo tempo humana e divina. Essa terceira possibilidade, portanto, é a que mais me atrai.

No entanto, o milagre é que Maria concebeu um bebê menino sem a ajuda de um homem. Jamais se ouviu falar disso antes ou desde então. Vamos um pouco mais longe. Acredito que José tenha sido um jovem muito distinto; ele creu em um sonho e agiu de acordo com ele. Em um segundo sonho, foi advertido a respeito de Herodes e levou Maria e o bebê para o Egito como refugiados, onde, sem dúvida, precisaram vender o ouro, o incenso e a mirra para sobreviverem. Mais tarde, quando Herodes morreu, eles voltaram para Nazaré. Podemos dizer que José teve apenas dois sonhos. Não temos o registro de uma única palavra que ele tenha dito, mas sabemos que ele agiu em conformidade com os dois sonhos. Para crer nos sonhos e agir de acordo com eles, José devia ter uma fé tremenda. Estou ansioso para conhecê-lo.

Agora, Maria. Os protestantes falam muito pouco sobre ela. Os católicos romanos têm falado em demasia e nós nos rebelamos e falamos pouco demais. Já ouvi muitos sermões sobre outros personagens, como Pedro, Paulo e João, mas raramente ouvi um sermão sobre Maria – mas ela foi a primeira carismática. Ela foi a primeira a dizer: "O que o Espírito Santo quiser fazer comigo, estou pronta"; e ela falou em línguas no dia de Pentecoste. Nunca ouvi esses eventos serem mencionados, você ouviu? Mas está na sua Bíblia. Maria era uma mulher maravilhosa.

Gosto de pregar sobre ela e já o fiz diante de sessenta padres católicos romanos com um cardeal sentado no centro da primeira fila. Meu tema era o que as Escrituras realmente falam sobre Maria. Disse que a Bíblia não fala nada sobre sua Imaculada Conceição nem sua Virgindade Perpétua – ela teve outros filhos depois de Jesus, ao menos sete deles. Também não fala sobre sua assunção corpórea aos céus. Comentei sobre os quatro dogmas que os católicos acreditam, e disse que nenhum deles está na Bíblia. Também disse: "Vocês nos desencorajam de pregar sobre o que a Bíblia fala de Maria porque acrescentaram muitas coisas que não estão ali" – uma das quais, muito importante, veremos logo mais.

Como ser humano, Jesus teve um princípio. Mas quando vamos escrever a história de Jesus, por onde devemos iniciar? Marcos começa descrevendo seu batismo, porque foi quando seu ministério público teve início. Mateus voltou um pouco e começou descrevendo seu nascimento, com sua árvore genealógica até Abraão. Lucas foi um pouco além de Abraão e descreve sua ascendência até Adão, pois Adão foi o predecessor de Jesus.

Enfim, temos João e ele volta ao princípio de tudo. Ele usa as palavras de Gênesis 1 – "No princípio, ele já estava com Deus". A palavra "estava" é muito significativa. Não diz que no princípio ele surgiu, mas que no princípio ele já estava ali. Como a mente humana não consegue voltar ao princípio de tudo, não conseguimos imaginar um momento em que não havia nada, nem mesmo o espaço. João está dizendo: no princípio de tudo ele já existia e estava face a face com Deus e ele era Deus. As Testemunhas de Jeová precisaram mudar isso em suas Bíblias; não aceitam a plena divindade de Jesus.

Isso significa que o nascimento de Jesus foi único – não pela maneira como nasceu, mas pelo fato de ter escolhido nascer. Ninguém mais, em toda a história, escolheu nascer. Você não escolheu nascer, eu não escolhi. Você não escolheu seus pais, eu não escolhi os meus. Nós não tivemos escolha, mas Jesus teve; ele escolheu seus pais e escolheu nascer.

Esse é um dos fatos mais interessantes, mas nunca vi ser mencionado nas peças natalinas. Você já viu? Nunca vi isso em cartões de Natal. Eu gostaria muito de ver um cartão de Natal com os dizeres: "O homem que escolheu nascer". Essa é uma verdade para adultos, não para crianças. Isso deveria nos fazer refletir.

O problema de João era: se Jesus já existia antes do seu nascimento, mesmo antes da sua concepção, como era chamado? Ele recebeu o nome Jesus apenas depois do seu nascimento e recebeu o título "Cristo" somente quando se tornou o Messias dos judeus – "Cristo" significa Messias. Somente recebeu o título "Senhor" depois de sua ressurreição e ascensão. Então, como o nosso Senhor Jesus Cristo era chamado? João, inspirado pelo Espírito Santo, chamou-o de Logos, que significa "palavra" em grego, mas logos é muito mais do que "palavra".

João escreveu seu Evangelho em Éfeso, onde vivera um homem chamado Heráclito – considerado o pai da ciência moderna. Ele ensinava seus alunos a usar os olhos para observar o que acontecia ao redor e para descobrir a "razão", o propósito por trás do que acontecia. A palavra para "razão" é logos, e os estudos de diversas áreas da ciência usam esse termo: psicologia, fisiologia, zoologia, meteorologia. Cada ciência é um estudo de como as coisas se comportam dentro de determinado campo – até que se descubra a "razão". Assim, a meteorologia estuda o clima e pergunta por que as nuvens aparecem e trazem a chuva ou por que o vento segue certos caminhos. Essa é a origem do estudo científico, da ciência, e João chamou Jesus de Logos, porque ele é a razão pela qual tudo se comporta da maneira como se comporta. Logos não é um excelente título?

Então, no princípio era a Palavra, o Logos, o "-ologia" de nossos estudos e de todos os nossos questionamentos. Ele é a razão. Ele é a resposta. Em seguida, João escreveu uma maravilhosa afirmação: "A Palavra, o Logos, se tornou carne e habitou, tabernaculou entre nós" – ele armou sua tenda entre nós, viveu entre nós. A palavra "carne" é muito importante. Gostaria de acrescentar cinco adjetivos para enfatizar essa maravilhosa declaração. A Palavra, o logos, a razão por que a segunda pessoa da divindade – que sempre existiu junto a seu Pai, mas escolheu nascer – assumiu a responsabilidade de vir em carne e osso, fisicamente. Era possível tocá-lo. Ele podia tocar as pessoas, elas podiam tocar nele. Ele era de carne e osso de verdade, como você e como eu.

Em segundo lugar, ele era homem, não mulher. Sei que já se argumentou que Jesus teria sido tanto homem como mulher. No quadro mais famoso de Jesus, em que ele bate em uma porta, Holman Hunt usou três modelos femininos para pintá-lo – um para retratar o longo cabelo arruivado, um para o rosto e outro para o corpo. É um Jesus totalmente feminino, por isso não gosto muito do quadro. Jesus era homem. Ele veio para nos mostrar Deus, e Deus é um Pai, não é uma mãe. Ele é o Rei do universo, não rainha. Ele é o marido de Israel, não a esposa. Portanto, para nos apresentar Deus Pai, ele tinha que ser homem, quer gostemos ou não.

Em terceiro lugar, ele era um judeu de carne e osso. Nasceu e foi circuncidado como judeu – e ainda é judeu –, mas a maioria das gravuras de Jesus mostra um escandinavo com cabelos claros e olhos azuis. Esse não é Jesus. Ele era judeu, com nariz judeu e tudo mais. Ainda é judeu – e sempre será. O próximo ponto – ele não era assexuado. Existe um conceito popular de que Jesus não tinha sexo. Se assim fosse, ele não teve os problemas que eu tenho e que todo homem tem, e não os teria vencido, como nos exorta a fazer. Ele não era assexuado e, especialmente durante a adolescência, deve ter passado por tentações dessa natureza.

Há alguns anos, o filme "A Última Tentação de Cristo",

dirigido por Martin Scorsese, causou muita polêmica. Ele achava que Jesus teve tentações de natureza sexual. Bem, é verdade. Deve ter tido. Ele era homem, sexuado. Mas não cedeu a nenhuma das tentações que lhe sobrevieram, ele as venceu.

Finalmente, e isso poderá ser um choque para você, o Novo Testamento diz que sua carne era carne pecaminosa. Nós nos revoltamos contra isso. Pensamos: "Não, ele não tinha pecado". Verdade, ele não pecou. Mas foi feito em semelhança de carne pecaminosa, o que significa que ele assumiu a nossa natureza humana e passou pelas mesmas batalhas que nós passamos. Se não fosse carne pecaminosa, ele não teria passado pelas mesmas lutas que nós passamos e não poderia nos dar a força para vencê-las. Ele foi tentado em todos os pontos, como nós somos. Os três pontos em que somos tentados são o mundo, a carne e o diabo; Jesus foi tentado em todas essas áreas, como nós. E essa é uma verdade que muitos cristãos não conseguem aceitar.

Os católicos criaram a Imaculada Conceição de Maria para contornar um problema; eles creem que Maria nasceu assexuada ou livre de tentações, sendo capaz, portanto, de produzir um filho que não tinha carne pecaminosa. Mas se Jesus nasceu de Maria, ele recebeu nossa natureza através de Maria e precisou passar pelas mesmas batalhas que nós passamos, mas ele nunca cedeu. E Jesus venceu a batalha. Em Romanos 8, Paulo afirma: "[...] isso fez Deus enviando o seu próprio Filho em semelhança de carne pecaminosa". Muitos dizem: "Ah, espere um pouco. Paulo disse que ele nasceu em 'semelhança' de carne pecaminosa, ou seja, apenas a aparência". Não, a palavra "semelhança" significa "cópia exata". Essa expressão é encontrada em Filipenses 2: "[...] tornando-se em semelhança de homens". Isso, na verdade, significa que ele foi gerado em carne humana; e Paulo diz o mesmo sobre a carne pecaminosa.

Concluo com uma pergunta muito direta: você acha

apropriado unir o puro Filho de Deus com todos os diversos costumes do Natal? Com a confraternização da empresa? Com o costume de se beijar sob o visco? Com tudo mais que acontece nessa época? Com tantas despesas e tanto dinheiro gasto – inclusive com os presentes das crianças? Você acha razoável colocar Cristo no meio de tudo isso? Uma coisa é certa: ninguém conseguirá abolir o sentimento natalino que existe desde sua origem pagã. Houve muitas tentativas de redimir o Natal ao longo dos séculos, mas quando examinamos a história, percebemos que nunca houve êxito. Aquelas práticas não deveriam ter sido levadas para a Igreja, deveriam ter sido deixadas do lado de fora. Deveríamos dizer aos novos convertidos: "Deixem essas coisas para trás, não as tragam com vocês".

Ficamos, então, com a pergunta básica: "Queremos misturar Cristo a tudo isso?" A minha resposta é: "Não. Não queremos". Vamos resgatar Cristo do Natal. Vamos celebrar seu aniversário na época em que ele realmente aconteceu. Será muito mais econômico e mais simples dessa forma. Vamos desassociar Cristo de tudo aquilo que não diz respeito a ele e vamos adorá-lo como ele deve ser adorado. Essa é a minha palavra final sobre o Natal.

SOBRE DAVID PAWSON

Conferencista e escritor com inabalável fidelidade às Sagradas Escrituras, David traz clareza e uma mensagem de urgência aos cristãos para que descubram tesouros escondidos da Palavra de Deus.

Nascido na Inglaterra em 1930, David iniciou sua carreira com formação em Agronomia pela Universidade de Durham. Quando Deus interveio e o chamou para que se tornasse Pastor, ele concluiu o Mestrado em Teologia pela Universidade de Cambridge, e, durante três anos, serviu como capelão na Força Aérea Real. Passou então a pastorear várias igrejas, entre elas o Centro Millmead, em Guildford, que se tornou um modelo para muitos líderes de igrejas do Reino Unido. Em 1979, o Senhor o conduziu a um ministério internacional. Atualmente, seu ministério itinerante é predominantemente para líderes de igrejas. David e sua esposa, Enid, moram hoje no condado de Hampshire, no Reino Unido.

Ao longo dos anos, ele escreveu um grande número de livros, publicações e notas diárias de leitura. Suas extensas e muito acessíveis análises dos livros da Bíblia foram gravadas e publicadas em "Unlocking the Bible" (A Chave para Entender a Bíblia). Milhões de cópias de seu material de ensino têm sido distribuídas em mais de 120 países, oferecendo sólido embasamento bíblico.

Ele é considerado o "pregador ocidental mais influente na China" graças à transmissão de sua bem-sucedida série "Unlocking the Bible" a todas as províncias da China, através da God TV. No Reino Unido, os ensinos de David são transmitidos com frequência pela Revelation TV.

Incontáveis fiéis em todo o mundo também se beneficiaram de sua generosa decisão, em 2011, de disponibilizar sua extensa biblioteca audiovisual, sem custo algum, em: **www.davidpawson.org**. Recentemente, todos os vídeos de David foram carregados em um canal específico em: **www.youtube.com**

SÉRIE A BÍBLIA EXPLICA
VERDADES BÍBLICAS APRESENTADAS DE FORMA SIMPLES

Se você foi abençoado com a leitura deste livro, saiba que outros títulos da série estão disponíveis.
Acesse **www.aBibliaexplica.com** e inscreva-se para baixar mais livros gratuitos.

A série A Bíblia Explica inclui:
A Fascinante História de Jesus
A Ressurreição: O ponto central do cristianismo
Como Estudar a Bíblia
A Unção e o Enchimento do Espírito Santo
O Batismo no Novo Testamento
Como Estudar um Livro da Bíblia: Judas
Os principais passos para se tornar um cristão
O que a Bíblia diz sobre: Dinheiro
O que a Bíblia diz sobre: Trabalho
Graça: Favor imerecido, Força irresistível ou Perdão incondicional?
Seguro para sempre? O que a Bíblia diz sobre: Salvação
O Fim dos Tempos
Três textos geralmente usados fora do contexto: Explicando a verdade e expondo o erro
A Trindade
A Verdade sobre o Natal

Você também pode adquirir cópias impressas em:
Amazon ou **www.thebookdepository.com**

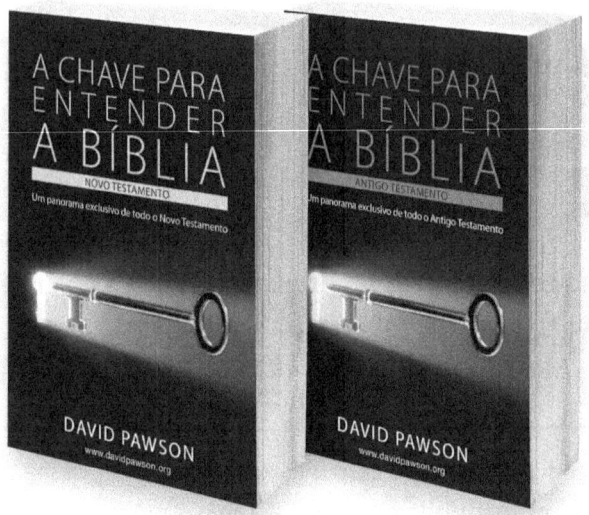

A CHAVE PARA ENTENDER A BÍBLIA

Um panorama exclusivo do Antigo e do Novo Testamento, nas palavras de David Pawson – conferencista e escritor evangélico, reconhecido internacionalmente. *"A Chave para Entender a Bíblia"* elucida a palavra de Deus de maneira inovadora e poderosa. Em uma clara distinção aos tradicionais estudos e comentários bíblicos que tratam versículo por versículo, este livro apresenta a história épica do relacionamento entre Deus e seu povo, em Israel. A cultura, o contexto histórico e os personagens são apresentados e os ensinamentos são aplicados ao mundo contemporâneo. Oito volumes foram compilados nesta edição abrangente, compacta e fácil de usar, com tópicos que cobrem o Antigo e o Novo Testamento.

Do Antigo Testamento: As Instruções do Criador – Os Cinco Livros da Lei; Uma Terra e um Reino – Josué, Juízes, Rute e 1 e 2 Samuel, 1 e 2 Reis; Poemas de Louvor e Sabedoria – Salmos, Cântico dos cânticos, Provérbios, Eclesiastes, Jó; Declínio e Queda de um Império – Isaías, Jeremias e outros profetas; A Luta pela Sobrevivência – Crônicas e os profetas do exílio.

Do Novo Testamento: O Eixo da História – Mateus, Marcos, Lucas, João e Atos; O Décimo Terceiro Apóstolo – Paulo e suas cartas; Do Sofrimento à Glória – Apocalipse, Hebreus, as cartas de Tiago, Pedro e Judas.

Este livro é um best-seller internacional.

OUTROS MATERIAIS DE ENSINO
DE DAVID PAWSON

Para acessar a lista atualizada com os títulos de David Pawson, visite:
www.davidpawsonbooks.com

Para comprar os materiais de ensino de David Pawson, acesse a página:
www.davidpawson.com

www.ingramcontent.com/pod-product-compliance
Lightning Source LLC
Chambersburg PA
CBHW070340120526
44590CB00017B/2966